图解56式陈氏太极拳

（视频学习版）

高崇 灌木体育编辑组 编著

人民邮电出版社

北京

图书在版编目（CIP）数据

图解56式陈氏太极拳：视频学习版 / 高崇，灌木体育编辑组编著. -- 北京：人民邮电出版社，2018.7
ISBN 978-7-115-47873-3

Ⅰ. ①图… Ⅱ. ①高… ②灌… Ⅲ. ①陈式太极拳—图谱 Ⅳ. ①G852.11-64

中国版本图书馆CIP数据核字(2018)第025015号

免责声明

内 容 提 要

本书由太极运动健将、全国武术套路锦标赛太极拳剑全能冠军高崇示范并作为武术指导。本书在简要介绍陈氏太极拳的起源和发展等背景知识的基础上，以超过500幅高清连拍图结合细致的文字说明的方式，对56式陈氏太极拳连贯套路进行了讲解，是专门为广大太极拳爱好者设计的入门级图书。此外，本书提供了在线学习视频，帮助练习者跟着专业教练轻松学习太极拳。

◆ 编　著　高　崇　灌木体育编辑组
　　责任编辑　刘　蕊
　　责任印制　周昇亮
◆ 人民邮电出版社出版发行　　北京市丰台区成寿寺路 11 号
　　邮编　100164　　电子邮件　315@ptpress.com.cn
　　网址　https://www.ptpress.com.cn
　　涿州市般润文化传播有限公司印刷
◆ 开本：700×1000　1/16
　　印张：7.25　　　　　　　　　2018 年 7 月第 1 版
　　字数：146 千字　　　　　　　2025 年 9 月河北第 23 次印刷

定价：29.80 元

读者服务热线：(010)81055296　印装质量热线：(010)81055316
反盗版热线：(010)81055315

在线视频观看说明

请按照以下步骤获取在线视频。

步骤一：打开手机微信"扫一扫"。

步骤二：扫描右侧的二维码。

步骤三：

1.若您已经关注"动动吧"微信公众号，可直接观看视频。

2.若您尚未关注"动动吧"微信公众号，将进入如下手机界面。

请长按该二维码，选择"识别图中二维码"并关注"动动吧"微信公众号，此后将直接进入资源获取界面。请点击"资源详情"，即可观看视频。

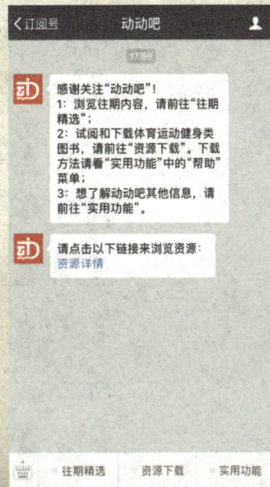

目 录

第一章

认识陈氏56式太极拳

陈氏太极拳的起源可追溯到陈氏始祖陈卜

陈氏太极拳的起源与发展

陈氏太极拳的起源可追朔到陈氏始祖陈卜。陈卜，原籍山西泽州郡（今晋城），后搬居山西洪桐县。陈卜定居陈家沟以后，出于保卫家园和维持地方安宁的需要，开始在村中开办武学社，传授武艺，而太极拳的记载主要从陈氏第九世祖陈王廷记起。

陈王廷（1600-1680），字奏庭，明末清初时期陈家沟陈氏第九代传人，他依据祖传拳术，博采众长，并根据《易经》、中医和道家相关理论和知识创编出陈氏太极拳。之后陈家沟村民练习太极拳之风越来越盛行，无论男女老幼皆习拳，世代承袭，当地至今仍流传着"喝喝陈沟水，都会翘翘腿""会不会，金刚大捣碓"的谚语。

从现存的陈王廷的《长短句》中，我们可以了解到陈王廷当时的一些情形："叹当年，披坚执锐，扫荡群氛，几次颠险！蒙恩赐，枉徒然，到而今年老残喘。只落得《黄庭》一卷随身伴，闲来时造拳，忙来时耕田，趁余闲，教下些弟子儿孙，成龙成虎任方便。欠官粮早完，要私债即还，骄谄勿用，忍让为先。人人道我憨，人人道我颠，常洗耳不弹冠。笑杀那万户诸侯，兢兢业业，不如俺心中常舒泰，名利总不贪。参透机关，识彼邯郸，陶情于渔水，盘桓乎山川，兴也无干，废也无干。若得个世境安康，恬淡如常，不悔不求，哪管他世态炎凉，成也无关，败也无关。谁是神仙？我是神仙！"

依照村语传言，陈王廷能够创太极拳，还与一个叫蒋发的武林高手是分不开的。王廷公早年闯玉带山李际遇山寨时，曾结识李际遇部下一名战将蒋发，此人武艺也相当了得，传说脚快如飞，可百步追兔。后来，蒋发落难投奔了陈王廷，以陈王廷为友为师，自己甘愿为仆为徒，关系甚密，使陈王廷造拳有了切磋的对手，所造太极拳可以在实践中得以检验，并得以不断地修正完善。

另外一位值得一提的是明朝嘉靖年间的抗倭名将戚继光（1528-1587），字元敬，号南塘，晚年号孟诸，系山东省蓬莱人。这位民族英雄的一部著作与太极拳的产生也有着千丝万缕的联系，而这部书就是《纪效新书》。据史书记载，戚继光为抗倭编制新军，并传以集百家拳术之长编制而成的三十二势，变化无穷，微妙莫测，似有神意。陈王廷在创造太极拳时，就直接从戚继光这部书里《三十二势拳经捷要》中吸取精妙，采纳了二十九式，即揽扎衣、金鸡独立、采马拳、七星拳、雀地龙、悬脚虚、伏虎式、兽头势、朝天蹬、朝阳手、指裆式、跨虎式、当头炮等。根据这一点，有专家就推证太极拳的产生不会早于《纪效新书》的成书年代。

太极拳自陈王廷创立之后，就在陈家沟陈氏家族中世代传承，绵延数百年而不绝。随着陈氏家族的人丁兴旺，家族中也涌现出了申如、恂如、敬伯、继夏、秉奇、秉壬、秉旺、公兆等很多位高手。用现在已知最早记载太极拳历史文献《太极拳小序》中李亦畬的话来说就是："神而明者，代不数人"。在此之后数百年间，历经陈氏子孙及其门徒的不断丰富和发展，太极拳已经成为我国传统的优秀拳种之一，并衍生发展出了杨、吴、武、孙四大流派。以下简列数位陈式太极拳宗师。

至陈氏十四世陈长兴时，太极拳有了一个大的改革与发展。陈长兴在祖传老架五个套路的基础上，将太极拳精炼归纳为当今流行的两个套路：第一路（大架）和第二路（炮捶）。第一路动作大方，以柔为主，以刚为辅；以"掤捋挤按"四正劲的运用为主，以"采挒肘靠"四隅劲的运用为辅。该路动作柔中寓刚，行气运身，以缠丝劲的锻炼为主，发劲为辅。全身内外，动分静和，一动全动，整个套路在柔缠中体现出柔、缓、稳的特色；第二路动作急速紧凑，以刚为主，以柔为辅；用劲以"采挒肘靠"为主，以"掤捋挤按"为辅。以刚发劲，锻炼为主，窜蹦跳跃，腾挪闪展，震足发劲，刚中寓柔，整个套路在柔缠中体现出刚、快、脆的特点。后人称这两路拳为太极拳老架。

陈氏第十四世陈有本在原有套路的基础上，又有些改动，逐渐舍弃了某些难度和发劲动作，架式与老架一样宽大，后人称为新架（小架）。

陈氏第十五世清萍（1795—1868），居于温县陈家2.5公里处赵堡镇，他在祖传太极拳（小架）套路基础上又进行了修改，形成了一套小巧紧凑，逐步加圈，由简到繁，不断提高拳艺技巧的练习套路。当地人称其所传太极拳为赵堡街架。

陈氏第十六世陈鑫（1849—1929），字品三，幼承父命，文武兼习。他晚年时深感陈式太极拳虽经历代口传亲授，然文字著作较少，不利广泛传播。为发扬祖传太极拳学说，遂闭门著述，费时十二年，完成《陈式太极拳图画讲义》四卷、《陈式太极拳易象数》六卷，全面整理了陈氏世代积累的练拳经验。

其著以易理说拳理，确立缠丝劲为核心，较为全面地阐述了陈式太极拳的理论体系，为陈式太极拳理论宝库中树立起了一座引人瞩目的丰碑。他的作品还有《陈氏家乘》《三三六拳谱》等。

陈氏第十七世陈发科（1887—1957），字福生，是近代陈式太极拳的代表人物，对发展和传播陈式太极拳做出了杰出贡献。在北京授拳期间（1929—1957），陈发科以其高尚的武德、非凡的功力以及精妙的实战技击而著称于世，所以深受世人敬仰，在武林中威信颇高。陈发科教授徒弟很多，有顾留馨、洪均生、田秀臣、雷慕尼、冯志强、李经梧、肖庆林以及其子照旭、照奎、女豫霞等。

陈氏第十八世陈照丕（1893—1972），字绩甫。

1928年秋，应北平同仁堂东家乐佑申和乐善同兄弟二人之邀，在北平授拳。有同乡李敬庄（字庆林）在《北平晚报》（1928年10月）刊发文章宣扬其拳艺。后应南京市市长之邀在南京授拳，拳踪广布。著有《陈式太极拳汇宗》《太极拳入门》《陈式太极拳图解》《陈式太极拳理论十三篇》等。所授弟子中王西安、朱天才、陈小旺、陈正雷功夫超群，被誉为陈式太极拳"四大金刚"。照丕先生恩泽后人、诲人不倦、武德高尚，是陈氏太极承前启后、继往开来的一代宗师。

9

陈氏 56 式太极拳介绍

56式陈氏太极拳竞赛套路以陈氏太极拳新架为基础，由国家规定的竞赛标准套路组成，共56式。

56式陈氏太极拳功架舒展，劲道明显，动作连贯、紧凑，同时兼有陈氏太极拳的独有风格，比较适合有一定陈氏太极拳基础的爱好者演练。

56式陈氏太极拳竞赛套路以缠绕劲练法和虚实互变、快慢相间为主要特点。其在编排上，着重训练基本功架，且技法较全面，将传统陈氏太极拳的全貌展现了出来。

套路中包含最基本、有代表性的拳式，如"金刚捣碓"式、"揽扎衣"式、"六封四闭"式、"前趟"式、"斜行拗步"式、"云手"式、"倒卷肱"式等，另外又添加老架二路（炮捶）的主要技法，如"青龙出水"式、"斩手"式、"翻花舞袖"式、"海底翻花"式、"连珠炮"式、"顺鸾肘"式、"摆莲跌叉"式等。该套路内容丰富，属于提高类型的练习套路。

此套路在传统陈氏太极拳基础上，弃粗取精，并按照现代武术竞赛规则的要求来进行编排，它既可以作为学习陈氏太极拳的入门初阶的套路，也可作为提高技法的练习套路。选择本套路，就可以不用花时间去寻找传统陈氏太极拳的老架一路和老架二路，既节省了时间，又符合竞赛赛制。

改编时，56式陈氏太极拳在时间上有严格的限制，在身法、步法、手法技能上，也有统一规定。它不再注重拳法的技击性，而是更多地考虑拳法外形的规范性和动作的难易程度。

第二章

陈氏56式太极拳

陈氏太极拳56式套路，是中国武术研究院组织专家创编的比赛套路

起势

壹

　　身体直立，双臂下垂于身体两侧，两脚并立，左脚向左迈步，前脚掌先落地，而后过渡到全脚掌。

贰

　　左脚全脚掌踏实，呈两脚开立姿势。

叁

　　上半身微左转，转向左前方，双臂伸直缓缓向上抬起，掌心向下。

肆

　　下半身姿势不变，双掌屈臂举至胸前，向右翻掌。

伍

　　双掌由左前方向右将，将至右前方，屈臂
翻掌向下。

陆

　　双腿微屈，双臂屈臂向内回收，
右掌向上翻掌，两掌掌心向外。

柒

　　身体微向左前方转体，
双掌屈臂由右前方推向左
前方，此时双臂伸直，掌
心向左前方。

右金刚捣碓

壹 接上式，双臂举至左前方，掌心向外。

贰 双臂屈臂向右侧回拨，下半身保持微蹲开步。

叁 转体的同时右脚向右侧迈步，脚跟着地。

肆 双臂推掌至右侧，身体右转。

伍 提左脚向身体左侧仆步，左腿伸直，右腿屈躬，左脚脚跟着地。

陆 左脚脚掌踏实，上半身保持不变。

柒 双掌同时向下画弧。

捌 身体重心左移，左腿弓步向前，双掌划至身体右下方，左掌掌心向下，右掌掌心向外。

玖
　　左掌向左前推，屈臂伸平，掌心向下，右掌姿势不变。

拾
　　身体向左90度回正，重心继续前倾，提右脚向前迈步。

拾壹
　　右脚向前迈步，脚尖着地，呈右虚步，右掌由后方向前方画弧举至胸前，与左手相合，右臂伸直掌心向上，左掌抚掌至右臂内侧。

拾贰
　　右手握拳下落，左手轻抚右臂内侧，下半身姿势不变。

拾叁
　　右拳屈臂上举至胸前，拳心向内，左掌下落，落于腹前，掌心向上，右腿向上提起。

拾肆
　　右拳下落，同时右腿下落，左掌姿势不变。

拾伍
　　右拳落于左掌正中，拳心向上，右腿落地，双腿屈蹲开步。

揽扎衣

壹 接上式，身体向前，右拳落于左掌正中。

贰 右拳与左掌同时向左前方上举画弧，下半身姿势不变。

叁 右掌在上举时变掌，掌心向上，轻落于左臂内侧，左掌由上向右前方画弧。

肆 左掌划至胸前右侧，掌心向下，右掌举至左臂内侧上方，掌心向上，双臂交叉。

伍 左掌下按，右掌翻掌向外，由上向右画弧。

陆 右掌外旋，左掌内旋，下半身姿势不变。

柒 双臂继续旋转，下半身姿势不变。

捌 左臂旋至左上方伸直，掌心向上，右臂旋至右下方伸直，掌心向下，左腿屈躬，右脚脚尖点地。

双臂内合，同时右脚由左脚内侧向右跨大步。

拾

双臂交叉于胸前，左臂在内侧，掌心向右，右臂在外侧，掌心向上。

拾壹

右脚掌全脚踏实，呈左弓步，身体向正前方，双臂交于胸前。

拾贰

    上半身转向左前方，右腿屈躬，准备推掌。

拾叁

    上半身向右转，右臂由胸前向右前方画弧，掌心向外，左掌下落。

拾肆

    左臂下落至腹前，掌心向上，右掌画弧至身体右前方，下半身重心随上半身动作转移。

拾伍

    上半身微向右转体，右臂屈躬，右掌立掌，掌心向外，掌指向上，左掌停于腹前，掌心向上，指尖向右，呈右弓步。

19

右六封四闭

接上式，左掌托于腹前，右掌立掌向右。

左掌由内向外翻掌，右掌由下向上翻掌，身体重心先向左移，呈左弓步。

20

叁

　　左掌翻掌向上，置于腹前，右掌向上，身体重心右移，呈右弓步。

肆

　　身体重心继续左移，呈左弓步，右臂由右侧下落向左前方画弧，左掌随右臂旋转，落于右臂内侧，掌心都向上。

伍 上半身转向左前方，双臂向上举至胸前，此时右掌向内，左掌翻掌轻抚右臂内侧。

陆 身体重心继续右转，呈右弓步，右掌翻掌向外，双臂由左向右划至右侧，掌心都向外。

柒 双臂抚掌下按，身体重心逐渐向左移。

捌 双掌按至右肋处，掌心向下。

玖 身体重心移至左侧，呈左弓步，双掌上提，向正前方画弧。

拾 双臂移至胸前，屈臂勾手，掌心相对。

拾壹 双掌翻掌向上，双臂向左右两边伸直撑开。

拾贰

双臂由外向内下按，下半身姿势不变。

拾叁

双掌掌心相对，下按至胸前，身体向右前方转体。

拾肆

收左脚至距右脚一步距离处，脚尖点地，呈左虚步，右腿屈蹲，双掌由胸前向右下方推出，掌心向外。

左单鞭

接上式，左掌上抬，抬至胸前，掌心向下，右掌回收，收至腹前，翻掌向上，双掌掌心相对，下半身呈左虚步，姿势不变。

左掌前翻，右掌后翻，左右两掌位置互换，掌心相对，下半身姿势不变。

叁 右掌上抬，伸直变勾手，指向右前方，左掌回收至腹前，掌心向上。

肆 提左脚至右腿内侧，准备前迈，脚尖向下，上半身姿势不变。

伍

　　左脚向左侧跨大步，身体重心左移，呈左弓步，左掌平移至左肋处，上半身姿势不变。

陆

　　身体重心右移，向前转正，左掌移回腹前，右勾手姿势不变。

重心移至右侧，呈右弓步，左掌向右侧上举，举至右臂内侧，翻掌轻按右臂，掌心向下。

身体重心左移，呈左弓步，左掌向左侧外旋画弧，划至身体左侧，屈臂伸直，掌心向右。

搬拦捶

壹　接上式，双臂伸直，眼看左手。

贰　右勾手变掌向左下方画弧，掌心向上，身体重心微左移。

叁　右掌移至胸前，掌心向左。

肆　双掌向左下方下按，准备由下向右旋。

伍

　　身体重心右移，呈右弓步，双掌向右侧画弧，至右肋前变拳，左拳拳心向上，右拳拳心向下。

陆

　　身体向左侧准备快速转体，重心随身体转移。

柒

　　身体快速转向左侧，左拳拳心向上，右拳拳心向下，动作与前式相反。

揚

左拳下翻，右拳上翻，双拳同时向左下方按压，双腿屈膝下按，左脚脚尖向左前方，右脚脚尖向右前方。

玫

双拳微微上提，提至左肋前，左拳拳心向下，右拳拳心向上，双腿屈躬回正，眼看两拳。

拾

身体快速转向右侧，右拳拳心向上，左拳拳心向下，动作与前式相反，眼看两拳。

护心捶

壹

接上式，左拳拳心向下，右拳拳心向上。

贰

右拳向下翻，与左拳环抱于胸前，拳眼相对，拳心向下，腿呈右弓步。

叁

双拳下坠，左拳至右腿左侧，右拳至右腿右侧，左腿屈膝下沉，拳心向后。

肆

　　重心全部移至右腿，左腿屈膝提起，脚尖下垂；同时左臂内旋提肘。接着身体左转，右脚蹬地跃起。

伍

　　左、右脚依次向左前方落步，左腿微屈，重心偏于左腿。随转体左拳向上经额前外旋，向左后下方弧形抡臂至左腰侧，拳心斜向里；右拳外旋向上、向右前方画弧抡击至身体右前方，拳同肩高，拳眼向上。

陆 右臂屈肘内旋，右拳向下、向左画弧至腹前，左拳向左、向上、向右屈臂画弧至左肩前。

柒 上半身右转，右拳向右经右膝前方，落于右胯旁，左拳外旋向上，经胸前从右前臂内侧向右前方伸腕打出，拳同胸高。

捌 上半身左转，右拳内旋向上，左拳屈臂横摆于胸前，右拳经过左拳上方，然后向前出拳。

白鹤亮翅

壹　接上式，双拳变掌，上下相对，身体重心左移。

贰　身体右转，重心左移呈左弓步，右脚脚跟着地，脚心向外，两掌相对。

叁　右脚踏实伸直，提左脚至右脚内侧，准备向左前方跨步。

肆　上半身向右转，右掌微内旋，向上置于左肩前，掌心斜向下；左掌微外旋向下插掌置于右胯旁，掌心斜向上。左脚向左前方跨步，呈左仆步。

伍　右掌翻掌向下，贴于左臂，双掌掌心向下。

陆

　　身体重心左移，呈左弓步，上半身左转，随重心移动。

柒

　　提右腿向左迈步，至距左脚一步距离处，脚尖点地，左臂上举，横挡在脸前，掌心向外，右掌轻抚左臂内侧。

扬

　　右掌向右下方画弧，左掌姿势不变。

玖

　　右掌经过腹前向右侧继续画弧。

拾

　　身体微右转，屈蹲，右掌画弧至右肋处，掌心向下。

斜行拗步

壹

接上式，左掌翻掌上举，指尖向左，右掌姿势不变。

贰

身体右转，双掌随身体转动。

叁

右腿提膝上抬，左腿伸直，右掌翻掌向上，举至身体右前方，左掌翻掌下按，按至身体左肋处。

肆

左臂外旋，右臂内旋，右脚下落至距左脚一步距离处。

伍

左掌翻掌拖掌向上，右掌向内侧下按，至腹前，左脚向左前方跨步，脚跟着地。

陆

身体微右转，双掌举至胸前，左掌竖起，掌指向上，掌心向右，右掌下按至右肋处。

37

捌

　　上半身向右转体，右掌伸至右后方，掌心向上，左掌按压至胸前，掌心向前，腿呈右弓步。

扬

　　右掌上抬，左掌下按，下半身姿势不变。

玖

　　左掌下按至裆前，掌心向下，右掌提至右耳旁，掌心向左，双掌继续画弧。身体重心左移，呈左弓步。

拾

　　上半身左转，左掌画弧至向左下方，右掌姿势不变，随身体转动。

　　左掌上抬向左前方伸直，掌变勾手，右掌按至胸前，掌心向左下方。

　　右掌向右侧画弧，左手勾手姿势不变。

　　身体随右手边画弧边向右转，下半身姿势不变。

　　右掌画弧至身体右侧伸直，掌心向右，掌指向前，随后右掌竖起，掌指向上。

提收

壹

　　接上式，右掌竖起，掌指向上，下半身姿势不变。

贰

　　左勾手变掌，双掌在胸前伸直，掌心向外。

叁

　　双掌分别向左右两侧外旋画弧，划至腹前，掌心向前，双腿同时下蹲。

肆

　　双掌同时翻掌，掌心向上，屈臂于腹前。

伍 全身站起，左脚收于距右脚一步距离处，双腿屈蹲。

陆 身体向右转体，双臂随转体转动，左脚踮起，脚尖着地准备上提。

柒 左脚与双掌同时向上抬起，双掌掌心向上，指尖向前，左腿屈起，脚尖向下。

捌 身体微左转，双掌同时翻掌，掌心向下，双臂前伸，指尖指向身体左前方，左腿提膝上抬，脚尖向下。

前趟

壹

接上式，左膝抬起，双臂伸直。

贰

左脚向左前方落下，脚跟着地，右腿屈蹲，双臂同时下压，置于腹前，指尖向前，掌心向下。

叁

身体右转，双臂向右后方画弧，重心随双臂移动。

肆

双掌移动到右后方之后，同时翻掌，向上画弧。

身体重心左移，呈左弓步，双掌向上画弧，经过胸前，左掌掌心向内，右掌掌心向上。

陆

双掌划至胸前，左掌在下托住腕部右掌，左掌掌心向上，右掌掌心向左。

柒

收右脚至左脚内侧，脚尖点地，右掌与左掌相合，两掌掌心相对贴紧。

捌

右脚向右前方跨大步，脚跟着地，左掌翻掌向外，右掌翻掌向内，相交于胸前。

玖

　　身体重心右移，呈右弓步，右掌翻掌向下，此时两掌掌心向外。

拾

　　双掌撑开同时向左右两侧外旋画弧。

拾壹

　　两掌外旋至与肩平，双臂微屈伸直，掌心向外。

左掩手肱捶

壹

接上式，双掌向两侧撑开。

贰

身体重心右移，右掌前探。

叁

重心后移，提右脚屈膝抬起，脚尖向下，左腿直立，右掌翻掌变拳，与左掌同时向内合，双臂相交于胸前，左掌附于右前臂上方，指尖向右上方，右拳指向左下方。

肆

　　右脚向左脚内侧落地震脚，随之左脚迅速提起，以脚跟内侧贴地向左前方，上半身姿势不变。

伍

　　身体重心左移，呈左弓步，右拳变掌，双掌向体两侧伸直撑开，高与肩平，掌心向后。

陆

　　身体重心右移，双掌翻掌内旋，右掌变拳，拳心向前，左掌立起，掌心向前。

（柒）　双腿呈右弓步，双臂屈臂向内回收于胸前，左掌翻掌，掌心向内，右拳翻转，拳心向内。

（捌）　左掌向后收掌，掌心向上，右拳向后收拳，拳心向上，身体重心准备左移。

（玖）　身体重心移至左腿，呈左弓步，右拳翻转向前方出拳，右臂伸直，与肩同高，左掌收于左肋处。

披身捶

壹

接上式，右拳前伸，左掌后收。

贰

左掌变拳，向前出拳，屈臂伸直，拳心向上，右拳翻转回收至右肋处，拳心向上。

叁

身体重心右移，左拳回收，右拳出拳，挥臂向右前方。

肆

左拳收于左肋处，拳心向上，右拳挥臂向右前方伸直，拳心向下，双腿呈右弓步。

背折靠

壹 接上式，左拳回收，右拳出掌。右拳向左，向上翻腕，拳心向上，左拳向右，向上翻腕，拳心向上。

贰 双腿呈左弓步，左拳收于左肋处，右拳屈臂，拳心向内。

叁 身体左转，右拳随即转向左侧，右拳姿势不变。

肆 右拳屈臂立起，拳心向左，左拳姿势不变。

伍 身体微右转，右肘向右抬起至胸前，与肩平同高，拳心向下，左拳姿势不变。

陆 右肘继续上抬，抬至头旁，拳眼指向斜下方，左拳向后翻转，左肘在前，双腿屈膝下按。

青龙出水

壹 接上式，左肘前凸，右肘上翘。上体抬起左转，下半身姿势不变。

贰 身体重心逐渐左移，左拳上抬，右拳下按。

叁 左拳向后上方抬起伸直，拳心向右，拳眼向上，右拳屈臂前下方下按伸直，与左拳相对，双腿呈左弓步。

肆 左拳内收，收至脸前，拳心向内，右拳下收，收至右肋处，拳心向上，左腿屈膝下按。

伍 左右两臂向相反方向摆臂互换，左臂后收，右臂前伸，身体重心向右移。

陆　身体重心右移至右腿，呈右弓步，左拳收至左肋处，拳心向上，右拳向右下方伸直，拳心向下。

柒　右拳上抬，抬至与肩平，左拳姿势不变。

捌　左拳内旋变掌迅速向右前下方抖弹撩出，拳同腹高，拇指、食指伸展，其余三指微屈，手心斜向下；右臂屈肘，右拳外旋向左合收于左大臂内侧，拳心斜向上。

玖　左掌后收，右拳准备前伸，下半身随出拳转移。

拾　身体迅速左转，重心移向左腿呈左偏马步。同时，右拳内旋迅速向右前下方发出至右膝前上方，屈肘屈腕，拳眼斜向里；左掌以发右拳的同样速度，屈肘收贴于左肋处，拳心向内。

斩手

壹 接上式，左掌后收，右拳前伸。

贰 准备向左脚内部收腿，右拳变掌，准备前撩，左掌握拳抵住左肋。

叁 右脚向内收脚，收至左脚内侧，脚尖点地，右掌准备翻掌。

肆 右脚向右侧跨步，脚跟着地，右掌翻掌向上，屈臂伸直与肩平，掌心向内，指尖向上，左掌向内翻掌向上，置于左肋处。

伍 身体重心前移，右脚准备前迈。

陆 身体重心前移，右脚踏实，左掌上抬，右掌下落。

㭍 左腿提膝上抬，左掌抬至左前方，举过头顶，掌心向内，右掌下落于右肋旁，掌心向上。

扬 左脚下落置于右脚内侧，双腿屈蹲，左掌向前向内下落竖起，掌心向右，指尖向前，右掌向内回收至腹前，掌心向上，指尖向左，左掌压在右掌上。

翻花舞袖

壹 接上式，左掌竖起，右掌平铺。

贰 双掌向左上方抬起，下半身姿势不变。

叁 双掌抬起至左上方，左掌屈臂回收，掌心向外，右掌向上托举，掌心向上。

肆 **伍**

两掌向左下方落掌，　双掌翻掌向上，右腿屈膝上提，左脚蹬地跳起，身
双掌落至左肋处，掌心向　体向右后方翻转180度。
左前方，双腿屈膝半蹲。

陆

右、左脚依次落地，左脚在前，两腿屈膝，重心偏于右腿。身体随跳起右转，左
手外旋同右手一起向上、向右、向前、向下拍劈掌。左掌置于身体左前方，同胸高；
右手落于右肋处，掌心向下。

海底翻花

壹

接上式，左掌竖起，右掌平铺。

贰

左腿屈膝后撤，撤至距右脚一步距离处，脚尖点地，左掌向右后方后撤，变拳，撤至右胯处，拳心向内，右掌变拳，悬在左腕上方。

叁

左肘屈臂右折，横挡在胸前，拳心向下，拳眼向右，右臂后抽伸直，置于右胯处，拳心向内，拳眼向前。

肆

左膝上提，脚尖向下，左拳外旋至左肋处，伸直，拳心向上，右拳上举，举至右上方，拳心向左。

右掩手肱捶

壹 接上式，左拳后收，右拳向上伸直。

贰 右拳变掌下落于胸前，左拳屈臂向右。

叁 右掌屈臂悬在左臂上，左拳屈臂下落至腹前，左脚下落。

肆 左脚落下时迅速上抬右腿，上半身姿势不变。

伍 右脚抬起后向右前方跨大步，呈右仆步，脚跟着地，左腿屈膝下蹲。

陆 身体重心右移，呈右弓步，两臂由下向左右两侧外撑，与肩同高，左拳拳心向后，右掌掌心向后。

柒 　身体重心左移，呈左弓步。双臂向上内旋至胸前，伸直，左拳拳心向下，右掌掌心向下。

捌 　身体重心微右移，右臂屈肘，左拳外旋由上向下收于胸前，拳眼向外；右臂屈肘，右手外旋向右、向下画弧置于右肩前，掌心向上。

玖 　右手快速收于右肋侧，手心轻贴右肋。左拳随转体后拉蓄劲，然后内旋经右臂上向左前方急促发出，拳同肩高，臂微屈，拳心向下。

左六封四闭

壹 　接上式，左拳出拳，右掌抚肋，双腿呈右弓步。

贰 　左拳变掌，抚掌下按，右手姿势不变。

叁 　左掌按至右下方，停至腹前，掌心向下，右掌上抬，悬于左掌掌背上方，掌心向上。

肆 双掌掌背相抚，向左上方画弧，双臂牵引身体重心。

伍 上半身随双臂左转，双掌转动到身体左上方，双腿呈左弓步。

陆 双掌分开，右掌翻掌掌心向前，左掌在前，右掌在后，双掌下抚。

柒 双掌下抚至腹前，掌心向下，身体重心随掌右移，呈右弓步。

捌 左脚提至右脚内侧，脚尖向下悬起，准备前迈，身体向右转，双掌抚掌向右，掌心向下。

玖 左脚向右前方迈出，脚尖点地，左掌屈臂伸直向上翻掌，停于腹前，右掌向右后方屈臂回撤，掌心向下。

拾

　　左掌屈臂上举，与肩同高，掌心向上，右掌向后甩臂。

拾壹

　　身体右转，右掌向后屈臂上举，与肩同高，掌心向上，左右两脚随身体转动。

拾贰

　　眼看向右手，左脚脚尖点地，右腿屈躬。

拾叁

　　身体重心左移，呈左弓步，双掌由上向内旋臂。

拾肆

　　双掌经由胸前向前下方推掌，右腿向前收腿，至距离左脚一步距离处，脚尖点地，双腿同时屈躬。

拾伍

　　双掌向前推至身体前下方，双掌屈臂前伸，掌心向外，两掌虎口相对，下半身姿势不变。

右单鞭

壹

接上式，双掌在前下方抚掌向下，双腿屈膝，左脚在前，右脚在后。

贰

右掌屈臂上抬，掌心向下翻，左掌屈臂下举，掌心向上翻，两掌掌心相对悬于腹前，成抱球状。

叁

右掌前推下收，悬于左掌下方，左掌后收，然后翻掌向下悬于右掌上方，两掌姿势翻转，掌心相对，成抱球状。

肆

右掌后收，收于右胯旁，左掌变勾手上举。

伍

左臂上举伸直，左手变勾手指向下方，身体随手方向挺起。

陆

右脚提起向右侧跨大步，眼看右侧，上半身姿势不变。

柒 身体重心右移，呈右弓步，上半身姿势不变。

捌 接着，身体重心左移，呈左弓步，右掌向左侧上举，举至左臂旁，掌心向上。

玖 右掌翻掌向右，身体重心右移。

拾 下半身呈右弓步，右掌外旋向右侧画弧，推掌伸直，与肩同高，双臂伸平，呈一直线，左臂勾手，右臂出掌。

拾壹 右掌立掌，微微下抚，右肩沉肩坠肘，下半身姿势不变。

右云手

壹　接上式，左勾手，右推掌。

贰　左勾手变掌，向右侧抚掌，掌心向外，指尖向左。

叁　提右脚，后收至距左脚一步距离处，脚尖点地，双腿屈躬，左掌翻掌向右，掌心向前，拇指指尖向右，右掌翻掌，掌心向前。

肆　右脚向右迈步，脚腿着地，左腿屈躬，右腿伸直，呈左弓步，双掌准备向左推掌。

伍　右脚踏实，双掌向左推掌至身体左侧，掌心向左，指尖向右上方。

陆　双掌向身体右侧翻掌，重心逐渐右移。

柒

身体重心右移，身体微右转，呈右弓步，左掌向下画弧下抚，右掌翻掌掌心向前，指尖向左，悬于胸前，屈臂伸直。

捌

提左脚向右后方插步，脚前掌着地，随之左掌外旋向下、向左画弧于腹前，指尖向前，掌心向外。右掌外推至与肩同高，掌心向前。

玖

右脚向右后方迈步伸直，左腿屈躬，呈左弓步，身体微左转，同时左掌经胸前向外、向左画弧至身体左前方，稍高于肩，掌指向右上方，掌心向外，右掌向下、向左画弧于左腹前，指尖向前，掌心向外。

拾

重心移向右腿，呈右弓步，同时身体慢慢右转。随之右手内旋，掌心向下；左手外旋，掌心向上。

拾壹

两臂屈肘经胸前向右画弧平摆，下半身姿势不变。

拾贰

左臂微屈，左掌心向上；右臂屈肘，右掌置于左前臂上方，掌心向下。

拾叁

右臂由上向前伸臂，掌心向上，左臂向前、向右、向胸部屈肘，经右小臂下与右小臂内侧，绕至右小臂上。

拾肆

身体上提直立，右腿提膝，右脚内扣，双腿屈躬。

拾伍

右腿向上提起，脚尖向下，左腿伸直，左掌向左前伸臂横掌击出，掌心向前。与此同时右小臂回收，掌心向上、向右下回拉至右肋处。

左云手

壹

接上式，左掌前推，右掌后收。

贰

右脚落下，落于左脚内侧，左掌下按，右掌上举。

叁

左掌下按于左肋前，掌心向下，右掌上举至胸前，向左屈臂，掌心向内，左脚提起脚尖向下。

肆　　左脚向左侧跨步，呈右弓步，右掌向右翻掌，双掌右推，左掌在下，右掌在上，指尖向左，掌心向前。

伍　　身体微左转，重心移至左腿并屈膝，随之右脚向左后方插步，脚前掌着地。同时，左掌内旋向上、向左画弧于左胸前，指尖向右上方，掌心向外，右掌翻掌向下、向左画弧于左腹前，指尖向前，掌心向外。

陆　　左脚向左后迈步伸直，右腿屈躬，呈右弓步，身体微右转，同时右掌经胸前向外、向右画弧至身体右前方，稍高于肩，掌指向左上方，掌心向外，左掌向下、向右画弧于右腹前，指尖向前，掌心向外。

柒　　左掌回收，屈臂上举于胸前，指尖向右，掌心向内，右掌向右下方画弧伸直，指尖向右下，掌心向前，身体重心左移，呈左弓步。

捌　　身体微左转，左掌翻掌向外、向左画弧，下半身姿势不变。

65

高探马

壹
　　接上式，左掌摆臂，右掌后收。

贰
　　双掌相合交叉于胸前，左手搭在右腕上，指尖向前，左手掌心向右下，右手掌心向左上，提右脚至左脚内侧抬起。

叁
　　右脚向右侧跨大步，右腿伸直，左腿屈躬，呈左弓步。

肆
　　上半身微左转，重心右移，双掌屈臂向内竖起，左掌在内侧，掌心向右下，右掌在外侧，掌心向左下。

伍
　　上半身微右转，转向身体正前方，同时两手内旋，掌心转向外，指尖相对，掌心向前。

陆
　　双掌分别向左右分展于体侧前方，臂微屈，腕同肩高，指尖斜向上，掌心向外。

柒
　　双掌向上竖起，双腿微微下蹲，指尖向上，掌心向前。

捌 身体右转，同时双掌翻掌朝上，右掌向右后方外摆，掌心向上，眼看右手。

玖 提左脚收于右脚内侧，脚尖点地，右臂屈臂回收，右掌收于右耳旁。

拾 左脚落于身体左后方，身体左转，左掌后收至左肋旁，掌心向上，右掌前推，臂伸直，掌竖起，掌心向前，眼看右掌。

右连珠炮

壹 接上式，左掌托在腹前，右臂伸直，竖掌。

贰 右掌伸平，掌心向下，指尖向右，下半身姿势不变。右掌翻掌向上，左掌翻掌向上，双腿屈膝半蹲。

叁 身体左转，右掌由下向左侧画弧，掌心向上，指尖向左前方，左掌屈臂托掌至胸前，掌心向上。

肆 身体右转，双掌同时翻掌向下，双臂相交于胸前，右臂与肩平行，左臂竖起搭在右腕上，掌心均向前。

伍 身体继续右转，左腿左迈，脚尖点地，双臂向右侧伸出，右掌伸直，掌心向右，左掌搭在右臂内侧，掌心向后。

陆 身体后坐，双腿屈躬，双掌下按，指尖向右上方，掌心向右下方，悬于腹前。

柒 上半身微左转，重心左移，呈左弓步，双掌向左上方画弧，左掌掌心向内，右掌掌心向外。

扬

双掌屈臂举至胸前，右脚提起准备迈步，脚尖点地。

玖

双掌划至左上方，左掌掌心向内，右掌掌心向左，右脚向右侧迈步，脚跟着地。

拾

身体重心右移，双掌向下回收至腹前，左掌掌心向下，右掌掌心向左下方。

拾壹

身体重心继续右移，呈右弓步，上半身右转，双掌翻掌向右，左掌贴于体侧，右掌横挡至胸前。

拾贰

左脚右迈，收于右脚内侧，双腿微屈，双掌伸直向右侧推掌，左掌竖掌，右掌横掌，掌心均向右。

拾叁

左脚向左侧迈步，呈右弓步，双掌向右后方推掌，掌心均向右下方。

拾肆

身体重心左移，呈左弓步，手掌随重心转移，移至右侧，左掌掌心向内，右掌掌心向外。

拾伍

右脚抬起，准备向右侧迈步，重心移至左腿，双掌上拉，拉回至胸前，左掌掌心向内，指尖向下，右掌掌心向上，指尖向右。

拾陆

右脚向右侧迈步，呈左弓步，双臂向左摆臂，双掌翻掌向左，掌心均向左，左掌在前，右掌在后。

拾柒

重心向右移，双腿屈躬，双掌屈臂下按，收于腹前，掌心均向下，左掌指尖向左前方，右掌指尖向左后方。

拾捌

重心移至右腿，呈右弓步，双掌在胸前向右翻掌，双掌掌心均向下，左掌置于左肋处，指尖向右上方，右掌横挡于胸前，指尖向左。

拾玖

左脚收于右脚内侧，双腿微蹲，双臂伸直向右侧推掌，左掌竖掌，指尖向上，右掌横掌，指尖向前。

左连珠炮

壹

接上式，双臂右摆，双腿微屈。

贰

双臂由右侧向下，向左下方摆臂，双腿重心随双臂的运动转移。

叁

右脚向后跨步，脚尖点地，双掌翻掌向上，置于身体左上方，左掌伸直，右掌屈臂，掌心均向前。

肆

身体向右后方转身，双腿开步伸直，双臂向左摆臂于身体左上方，左臂伸直，右臂微屈，掌心均向左。

伍

双臂下摆至腹前，左臂伸直，右臂微屈，掌心均向左下方，重心右移，右腿微蹲，左腿伸直。

陆

双臂上摆至胸前，左掌翻掌，掌心向上，右掌屈臂，掌心向内，左脚尖着地，脚后跟跷起。

正面

柒

身体右移，左脚向左侧跨步，脚后跟着地，双臂右摆，左掌屈臂竖起，右掌横掌伸直。

捌

身体重心左移，呈左弓步，双掌屈臂收于身体右侧，左掌贴于胸前，掌心向右，右掌贴于右肋处，掌心向下。

正面

玖

提右脚向左脚内侧迈步，双掌向左侧推，掌伸直，左掌指尖向右，右掌指尖向上，掌心均向左。

拾

右脚向右侧跨步，右腿伸直，呈左弓步，双掌下摆至左下方，掌心均向左下方。

72

拾壹

身体重心右移，左腿伸直，呈右弓步，双臂后收，左掌伸直，翻掌向上，右掌屈臂于胸前，掌心向内。

拾贰

双臂上摆至胸前，左掌掌心向上，右掌屈臂，掌心向内，左脚尖着地，后跟跷起。

拾叁

身体重心右移，呈右弓步，双掌屈臂收于身体右侧，左掌贴于胸前，掌心向右，右掌贴于右肋处，掌心向下。

拾肆

身体右移，左脚向左侧跨步，后跟着地，双臂右摆，左掌屈臂竖起，右掌横掌伸直。

拾伍

提右脚向左脚内侧迈步，双掌向左侧推掌伸直，左掌指尖向前，右掌指尖向上，掌心均向左。

闪通背

壹

接上式，双臂左摆，双腿微屈。

贰

左掌伸直，翻掌向上，右掌下按，收于右肋处，掌心向下。

叁

左脚向左跨步，脚跟着地，脚尖翘起。

肆

左脚踏实，重心左移，左手翻掌，掌心向下，右手翻掌，掌心向上。

伍

重心移至左腿呈左弓步，左掌后收，按至左肋处，掌心向下，右掌前伸，屈臂伸直，掌心向上。

陆

右掌翻掌，掌心向左，指尖向上，呈右竖掌，下半身姿势不变。

柒

而后右掌向左横举，呈右横掌，掌心向前，指尖向左，左掌翻掌向上。

捌

双掌同时向右画弧外摆，掌心向外。

玖

双掌继续向右摆臂，左脚以前脚掌为轴，身体迅速向右后转180度。

拾

随之右脚以前脚掌贴地，向后扫转半圈至左脚左后方，左脚脚跟踏地落实，两脚相距较大距离，双臂摆向右侧，掌心均向右。

拾壹

两腿屈膝开立下蹲，重心稍偏于右腿，身体回正，左掌摆臂至身体左侧，臂伸直后竖掌，右掌按至右肋处，掌心向下，眼看左掌。

指裆捶

壹　接上式，左臂伸直，右臂下按至右肋处。

贰　左掌由上向右画弧至右肩前竖掌，掌心向右，右掌变拳，拳眼向内，双腿半蹲。

叁　脚提起，身体直立，右拳勾臂横挡在脸前，拳心向下，拳眼向左，左掌指尖轻抚右臂内侧。

肆　身体微右转，右腿下落至左脚内侧，屈膝半蹲，两臂屈肘，前臂相叠，随即右拳向下出拳，臂伸直，左掌在上，右拳在下，左掌竖掌，掌根轻抚右臂内侧。

伍　左脚提起，身体下蹲，以脚跟内侧贴地向左前方铲出。

陆

　　身体重心左移，左腿微屈，右腿伸直，呈左弓步，双臂向左右两边外撑，左掌至身体左下方，右拳至身体右下方。

柒

　　身体重心右移，右腿微屈，左腿伸直，呈右弓步，双臂上摆伸直，与肩同高，左掌掌心向左，右拳拳心向下。

捌

　　右膝向下微屈，双臂内收至胸前，左掌屈臂于左侧，掌心向上，右臂屈肘且右拳贴于右胸前，拳心向内。

玖

　　身体重心左移，呈左弓步，右拳向左前下方出拳，拳心向下，左掌后收，掌心贴于左肋处。

白猿献果

壹

接上式，左掌后收，右拳出拳。

贰

左掌变拳，拳眼立起抵住左肋处，左肘指向左前方，右拳先向上画弧。

叁

身体重心右移，呈右弓步，右拳接着向右上方画弧，左拳翻拳，拳眼向右贴于左肋处。

肆

右腿完全下蹲，左腿伸直，右拳继而向右下方画弧于右膝外侧，同膝高，拳眼向外。

伍

身体重心左移，呈左弓步，右拳从右下方撩拳向左，左拳继续贴在左肋处，拳心向上。

陆

身体继续微左转，右腿屈膝上提，呈左独立步，右拳经腰侧向前、向上画弧打出至右肩前，右臂屈肘，拳稍高于肩，拳心向后上方。

双推掌

壹 接上式，右拳勾臂，左拳下按。

贰 左腿微蹲，右腿下落，向右前方迈步，腿伸直，脚跟着地，右拳变掌，掌心向内，左拳变掌上举。

叁 右脚全脚踏实，上半身微左转，双掌向左右两侧撑开，掌心向上。

肆 身体重心右移，呈右弓步，双臂屈臂内合，双掌掌心相对。

伍 身体微右转，左脚向前迈步至距右脚一步距离处，双腿微蹲开立，双掌翻掌，掌心向前。

陆 双腿屈膝下蹲，双臂伸直，双掌竖掌前推，掌心向前。

中盘

壹　接上式，双掌向前推掌。

贰　上半身微左转，双腿微蹲，左掌后收，指尖向右上方，掌心向下，右掌翻掌，掌心向上，指尖向前。

叁　上半身微右转，右掌后收，掌心向上，指尖向左上方，左掌掌心向下，指尖向右。

肆　左掌翻掌，掌心向上，屈臂后收，右掌指尖轻抚左臂内侧，掌心向下。

伍　上半身微左转，右掌横掌向前推掌，左臂屈臂后收于胸前，掌心向上。

陆　右掌翻掌，掌心向上，臂微屈，左掌翻掌，指尖轻抚右臂内侧，掌心向下。

玖

上半身微右转，左掌横掌向前推掌，右掌后收于胸前，掌心向上。

扬

左掌屈臂后收，右臂与左臂交叉于胸前，左掌在前，掌心向右下方，右掌在后，掌心向左上方。

玖

左掌横掌下按，屈臂于腹前，指尖向右，右掌横掌上举，屈臂于胸前，指尖向左，掌心均向下。

拾

左脚上提，呈独立步，右掌向右上方摆臂，左掌向左下方摆臂。

拾壹

左脚下落，落于右脚内侧，右掌继续向右下方画弧，掌心向下，左掌向左上方托掌上举，掌心向上。

拾贰

右脚向上提起，准备向右侧跨步。

81

侧面

拾叁

右脚向右跨步，呈右仆步，双臂内合，交叉于胸前，左腕搭于右臂上方，左掌掌心向右，右掌掌心向上。

拾肆

上半身微左转，双臂向左下方前倾。

拾伍

身体重心右移，呈右弓步，双臂向右上方后倾。

拾陆

上半身微右转，右臂屈臂向右上方甩臂，掌心向内，左掌轻抚右臂内侧，掌心向下。

拾柒

右臂伸直，甩向右上方，掌心向左下方，左掌抚掌向左下方下按，掌心向下。

壹   贰   叁

接上式，右掌上举，左掌下按。

右掌翻掌，掌心向上。

身体重心左移，呈左弓步，右掌向左上方摆臂。

肆   伍   陆   柒

上半身微左转，右掌摆臂至左上方，掌心向前。

身体重心右移，右掌屈臂，横掌后收，掌心向外。

提左脚向左前方跨步，右掌向后摆。

左脚脚尖着地，右腿微屈，右掌向右上方摆臂，左掌向左下方摆臂，掌心均向前。

后招

壹　　接上式，双掌撑开外撇。

贰　　身体后坐，左脚跟着地，左手外旋，向右上方画弧，右掌向右下方画弧。

叁　　上半身微右转，重心左移，呈左弓步，左掌经胸前时内旋向上、向左画弧，右掌经胸前向右下方画弧。

肆　　左掌翻掌，悬臂至额左前方，指尖向右，掌心向外，右掌悬臂摆至右膝上方，掌心向左。

伍　　身体左转，提右脚向左脚内侧迈步，脚尖着地，双臂随身体转动。

陆　　右脚向右前方迈步，脚尖着地，呈右虚步。右掌画弧于右膝上方，指尖向前下方，掌心向后下方。

右野马分鬃

壹

接上式，身体朝向左侧，呈右虚步。

贰

身体重心右移，呈右弓步，右手外旋向左、向上画弧，经胸前时，转内旋向上、向右画弧，直至额右前方，指尖向左、掌心向外；左手向左、向下外旋，向前画弧于左大腿外侧，指尖向左，掌心向下。

叁

上半身右转，同时身体重心左移，呈左弓步。左手外旋继续向右、向上画弧，经胸前时，转内旋向上、向左画弧，直至身体左侧，腕与肩同高，指尖转左前上方，掌心向外；右手向右、向下外旋至右臂伸直后，向前、向左画弧至右膝前上方。

肆　上半身微左转，右腿屈膝提起，膝与腹同高，右脚尖自然下垂，右掌向上托掌悬臂至膝上方，掌心向上。

伍　右脚向右前方蹬腿迈步，脚跟着地，上半身姿势不变。

陆　右脚以脚跟内侧贴地向右前铲出，身体重心右移，屈蹲呈右弓步。同时左臂微外摆，指尖向左前上方，掌心向外；右手向右前上方穿出，指尖与鼻同高，掌心向右后方。

左野马分鬃

壹　接上式，双掌向两侧撑开。

贰　身体重心左移，上半身微左转，呈左偏马步，双臂向左侧摆臂，掌心均向左前方。

参 身体重心右移，上半身右移，呈右偏马步，双掌右摆。

肆 左腿屈膝提起，膝同腹高，脚自然下垂。同时右手内旋，掌心向右画弧至身体右侧，腕稍高于肩，指尖指向左上方，掌心向外。左手外旋悬臂于左膝前上方，掌心向上。

伍 右腿屈膝下蹲，左腿以脚跟内侧贴地向左前方铲出，重心移向左腿；左脚尖落地踏实，屈蹲呈左偏马步，同时右手微外展，指尖向右前上方，掌心向外；左手向左前上方穿出，指尖同鼻高，掌心向左后方。

摆莲跌叉

壹 接上式，左掌上举，右掌下按。

贰 右掌向左侧画弧，右肘贴于左肘下方，掌心向前。

叁 身体重心逐渐右移，双臂向右侧摆臂。

肆 身体右转，重心右移，呈右弓步，双掌摆臂至右侧，右掌竖掌，掌心向前，左掌指尖搭在右肘上，掌心向右下方。

伍 双臂向右下摆臂，掌心向下。

陆

身体重心逐渐左移，上半身微左转，双臂接着向下摆臂，左掌掌心向下，右掌掌心向左。

柒

身体重心左移，呈左弓步，上半身右转，双臂接着向左摆臂，左掌掌心向下，右掌掌心向上。

捌

双臂继续向左上摆臂，双掌掌心向前。

玖

左脚抬起收于右脚内侧，双臂向上摆臂，双掌掌心向右。

拾

上半身右转，双掌向右伸直摆臂，掌心向前，指尖指向右上方，右脚提起，膝与腰平，脚尖向下。

拾壹

右脚向右摆腿，双掌向左推掌，掌心向前。

拾贰

身体左转，双掌变拳，左拳横挡在胸前，拳心向下，右肘搭在左腕上方，拳心向上。同时右腿屈膝下落于左脚内侧。

拾叁

提左脚向前方迈步，脚跟着地，右腿屈蹲，左拳翻拳向上，屈臂下收，拳心向内，右拳翻拳上举，至右侧头顶上方，拳心向下。

拾肆

左脚前伸，右膝着地，双腿落地，左拳向下随左脚铲出前伸，拳心向上，右拳上举至右后方，拳心向前。

左右金鸡独立

壹　接上式，双腿落地，右拳上举，左拳下探。

贰　右脚蹬地，左腿屈膝抬起，重心移向左腿，呈左弓步，左拳内旋，随弓步向前上方稍举起，拳稍低于肩。

叁　右腿蹬直，双拳变掌，左掌掌心向下，右掌向右后下方摆臂，掌心向下。

肆 右腿屈膝向前提起，膝与腰平，同时左掌下按至左肋旁，右掌向前、向上屈臂托掌至右额前，掌心向后。

伍 右掌翻掌上举，右臂伸直，举过右侧头顶，指尖向后，掌心向上。

陆 右腿下落至距左脚一步距离处，双腿屈蹲，右掌下按至右肋旁，掌心向下，指尖向前。

柒 身体重心左移，双臂向右下方摆臂，指尖向下转，掌心向后转。

捌 双掌同时翻掌，掌心向前，指尖均向右。

玖 提右脚向右侧迈步，右腿伸直，左腿屈躬，呈左弓步，身体微左转，双掌向左下方摆臂。

拾 重心右移，左腿伸直，右腿微屈呈右弓步，双掌右摆。

拾壹

身体微右转，左腿屈膝提起，膝同腹高，脚尖自然下垂，左手翻掌，屈臂托掌至左额前，掌心向后，右手下落于右胯旁，掌心向下。

拾贰

左掌翻掌，左臂伸直，举过左侧头顶，指尖向后，掌心向上。

倒卷肱

壹

接上式，右腿独立，左掌上举，右掌下按。

贰

左脚向左后方下落，双腿屈膝下蹲，左掌下按至左肋旁，掌心向下，右掌屈臂横挡，举至胸前后，翻掌前推，微向右摆，掌心向前。

叁

上半身微左转，然后左掌翻掌，并准备外摆上举。

肆

双臂伸直与肩平，掌心均向上。身体左转，右腿向右前方迈步，右腿伸直，左腿微屈，双臂随身体重心转动。

伍

身体右转，右脚向右后方迈步，呈左弓步，左掌屈臂，经左耳旁向前推掌，掌心向前，右掌翻掌，掌心向下，后收于右肋旁。

陆

上半身微右转，双臂外摆上举，双臂伸直与肩平，掌心均向下。

柒

双掌同时翻掌，掌心向上。

捌

身体右转，左腿向左前方迈步，左腿伸直，右腿微屈，双臂随身体重心转动。

玖

身体左转，左脚向左后方迈步，呈右弓步，右掌屈臂，经右耳旁向前推掌，掌心向前，左掌翻掌，掌心向下，后收于左肋旁。

退步压肘

壹

接上式，右掌推掌，左掌下按。

贰

上半身左转，重心左移，呈左弓步，左手展臂外旋于身体左前方，手与胸同高，掌心向上，右手屈臂内旋于右胸前，掌心向下。

叁

身体右转，重心右移，随之两手臂同时向右平摆。

肆

右臂屈肘内旋，上提于右胸前，掌心向下，左臂屈肘横于胸前，掌心向上，右臂在上，左臂在下。

伍

身体右转，左脚迈向右脚后方，双臂随双腿转动。

陆

身体继续右转，右脚向右后方迈步，双腿屈膝下蹲，左掌横掌迅速向左前方击出，掌心向前，右掌后收于右肋旁，掌心向上。

擦脚

壹　　接上式，左掌伸直平举，右掌下按。

贰　　身体重心右移，呈右弓步，随之左手向下、向右画弧捋至右胯前方，右手收于腰间。

叁　　身体重心左移，呈左弓步，左掌翻掌向左上方横掌摆臂，右掌翻掌向右下方伸掌摆臂。

肆　　右脚向左前方迈步，同时左臂屈肘，左手内旋伸腕横臂于胸前，右臂屈肘与左前臂相叠于胸前。

伍　　两腿屈蹲，左脚跟提起，右腿在左腿上，重心偏于右腿。

陆 双腿立起，同时两手分别向两侧画弧分掌，掌心向前。

柒 重心全部移至右腿，右腿支撑，左脚向左前上方踢摆，左腿伸直，脚面展平，右手伸于右上方，指尖向上，掌心向外，左掌在左前上方击拍左脚面。

蹬一根

壹 左腿屈膝下落，左臂伸直与肩垂直，左掌竖掌向前，右掌竖掌向右。

贰 身体右转，左脚向前方迈步，双臂随转体横摆。

叁 身体继续右转，以左脚跟为轴向后转体，双臂随转体横摆。

肆

双掌外旋，同时两掌向下、向内画弧。

伍

两腕交叉合于胸前，左腕搭在右腕上，掌心向上，指尖向前。

正面

陆

右腿抬起，膝与腹平，脚尖自然下垂，双掌变拳，拳心向内。

正面

柒

接着重心全部移至左腿，右腿脚尖内扣，向右上踹出，脚与腰同高。同时两臂分别向左上方、右下方展臂撩拳，拳与肩平，拳心斜向下。

海底翻花

壹 左腿伸直，右腿屈膝提起，膝与腰同高，脚尖自然下垂，同时双拳内合，收于左腹前，右腕搭在左腕上，拳心向下。

贰 身体右转，在转体的同时右拳上摆，屈臂横挡于胸前，拳心向下，左拳下按至左胯旁，拳心向内。

叁 左拳向上摆臂，举于肩左前上方，拳稍高于头，拳心向右；右拳在胸前与左臂相会时，向外、向右下画弧，外旋翻臂下摆至右膝外侧，右臂屈肘，拳心向上。

击地捶

壹 接上式，左拳上举，右拳下按。

贰 右脚向前方迈步蹬腿，脚跟着地，左拳向下落拳。

叁 右脚全脚踏实，重心前倾至右腿，左脚脚尖点地，左拳后收至左肋旁，右拳向前上方出拳伸直。

肆

重心全部移向右腿，右脚蹬地跃起，左脚向前迈一步踏实。

伍

右脚脚跟着地，向右前铲出，同时左拳向左后方画弧上举至肩左前方，拳稍高于肩，右拳向前下方画弧，拳眼向下。

陆

重心移向右腿，右脚掌踏实，呈右弓步，上体右转，随之两臂内旋，右拳上提至头右侧，拳心向下，左拳向左前下栽，拳与小腹同高。

翻身二起脚

壹

接上式，双拳冲下，呈右弓步。身体重心左移，呈左弓步，左拳屈臂后撤至左耳旁，右拳伸直，向右下方出拳，拳心均向下。

贰

身体左转，左脚转向左侧，绷直，重心在后，右腿微屈，左拳转至左胯旁，右拳摆至右上方，屈臂伸直，拳心向左。

叁

身体重心前移，移至左腿，左腿伸直，右脚脚尖点地，左拳摆臂向后，右拳内翻，拳心向后。

肆

　　提右脚向前迈步，脚跟着地，左拳向前上方摆臂，右拳向后方摆臂。

伍

　　右脚全脚踏实，重心前移至右腿，身体前倾，左脚脚尖点地，左拳变掌向腹前下按，掌心向下，右拳变掌先后向下、向后、向上翻掌至右上方，掌心向前。

陆

　　左腿屈膝上提，右脚踏地，身体腾起。

柒

　　右腿在空中由屈到伸向前上方踢摆，脚到胸高时，右掌向上、向前拍右脚面，左掌向左画弧上举，掌同肩高。

捌

　　腾起拍脚后右腿下落。左脚先着地，全身站稳，右脚准备下落。

玖

　　左腿伸直，右腿屈膝下落，膝同腰高，脚尖自然下垂，左掌向左伸直，右掌向前伸直。

双震脚

壹　接上式，左脚落地，右腿屈膝下落。在右脚即将落地时，左脚蹬地向后跳起，两掌竖掌分别向左右两侧分展于体侧，高与肩平。

贰　右脚向后落步先着地，双掌向身体两侧下按，掌心向下。

叁　左脚后着地，落在右脚后方，双掌翻掌由下向内托掌至腹前，掌心向上。

肆　双掌上举至胸前，掌心向上，身体重心向后移至左脚。

伍　双掌翻掌下按至腹前，掌心向下。

陆　双掌同时翻掌向上，右腿屈膝上提，左脚蓄势蹬地跳起。

柒

两掌上托于胸前，右腕稍高于肩，左手在右肘内侧。

捌

左脚首先下落，落于地面，双掌在落地时同时翻掌向下。

玖

接着右脚下落踏地，同时两手下按于腹前，右手在前，左手在右肘内侧，掌心均向下。

蹬脚

壹

接上式，双掌弓腰下按，双腿微屈。

贰

重心全部移至左腿，右腿屈膝上提，双掌上抬，悬臂收于右腿上方，掌心向右。

叁

接着右腿由屈到伸，右脚尖翘起，以脚跟为发力点，向右前方快速蹬出，腿要直、脚要过腰，右手竖掌向前推出，腕与肩同高，左手架于头左上方，手心斜向上，左臂微屈。

玉女穿梭

壹　右脚向右前落步，脚尖稍外摆，左腿微屈。右手臂向前平伸穿出，左臂屈肘，左手落至肩前上方，至耳后，掌心向外。

贰　左脚向前摆起，右脚蹬地，使身体腾起。同时身体在空中右转，左脚落地。

叁　右脚向左后方落地插步，前脚掌着地，两腿屈膝，重心偏左腿，左手迅速立掌向左推出，右手屈臂收架于头右方，掌心向前。

顺鸾肘

壹　接上式，双掌向左摆臂。

贰　以左脚跟为轴，身体向右后方转体180度，两脚踏实，重心移至右腿，双臂随身体摆动。

叁　接着重心移至左腿，右腿屈膝，脚跟提起，脚尖着地。同时右臂向右下方慢慢下落；动作不停；左臂屈臂向左上方托掌，动作不停。

肆

　　左腿屈蹲，右脚提起，脚跟内侧贴地面向右铲出，同时上体微右转，两臂向上、向内合臂交叉于胸前，右臂屈肘，左前臂横压在右上臂上，左手屈臂立掌至右肩前。

伍

　　两腿屈蹲沉胯，重心微向右腿移动，两臂均屈肘叠臂合劲，交叉于胸前，两手变拳，拳心向下。

陆

　　接着上体迅速微右转，两臂尽量屈肘，以肘尖为发力点向两侧后下方发劲顶击，此时沉胯成马步。

裹鞭炮

壹

　　接上式，双拳屈臂内举于胸前，双腿呈马步姿势。左拳屈臂内折于胸前，拳心向内，抵住右胸，拳眼向右上方，右拳向左下方出拳，拳心向后。

贰

　　右拳屈臂向右上方摆臂，拳举至额前，拳心向前，拳眼向左，左拳向左下方出拳至左膝前，拳心向右，拳眼向下。

叁

　　以左脚为轴，身体后转体180度，提右脚准备向后迈步。

肆 右脚在前，先着地，右腿伸直，左腿微屈在右后方，脚尖点地，左拳经左上方摆臂至右下，右拳向下、向右上摆臂。

伍 左脚向左前方迈步，重心在右腿，右臂向右下方摆臂，右拳压在左腕上，拳心均向下。

陆 身体重心微左移，双腿沉胯呈马步，双臂向左右两侧撑开，臂微屈，拳心向上。

雀地龙

壹 接上式，双拳向两侧分开，双腿呈马步。

贰 重心移向右腿，上半身右转，随之左拳向下、向右画弧，之后恢复成马步，同时左臂向右侧伸直，右臂屈肘，前臂立于右胸前，右拳心斜向上，两臂向内合劲。

叁

接着身体左转，重心移向左腿，并屈蹲呈右仆步，左拳向上、向左画弧举至左肩前上方，右拳姿势不变。

肆

左膝全部下蹲，身体下坐，右拳从左臂内侧经腹部沿大腿内侧向前穿出，拳心斜向上。

上步七星

壹

接上式，左拳上举，右拳下探。

贰

身体重心右移，身体右倾，呈右弓步，右拳上举，举至与肩平，左拳拳心向前，右拳拳心向上。

叁　身体右转90度，左脚向前上步，脚尖点地，左腿伸直，重心在右脚，左拳前伸，右腕放在左腕上。

肆　两拳以两腕相贴的交叉点为轴，同时内旋向内、向下、向前绕一小圈后变掌外撑，掌心均向外。

伍　两掌变拳在胸前，仍以两腕相贴的交叉点为轴，外旋向外、向下、向内翻转，拳心均向内。

退步跨虎

壹　接上式，双拳前伸搭腕，左腿在前，右腿在后。

贰　左脚后撤至右脚内侧，脚尖点地，两拳变掌，掌心向外。

叁　上身不动，左脚向左后方迈步。

肆　两腿下蹲，同时随身体左转，两手向左右两侧下按，分置于两膝前上方，掌心向下。

伍　双臂伸直，竖掌外撑上举至与肩平行，左掌掌心向左，右掌掌心向右。

陆　重心移向左腿，右脚收至左脚内侧，脚尖点地，同时左掌向上、向右画弧外旋，屈肘立掌举于左胸前，左腕与肩同高，掌心向右；右掌继续向下、向左画弧外旋，至左肘内侧下方，掌心向左，指尖向上。

转身摆莲

壹　接上式，左掌前推，右掌下按。

贰　右脚跟外展，全脚踏实，重心移向右腿，上体微右转，左手向右外旋凸腕，右掌下按至右肋旁。

叁　身体向左转体90度，提左脚向左跨步，右脚上提，膝与腰平，左掌翻掌向左上方摆臂，掌心向外，右掌随身体转动。

肆　身体继续左转90度，随之右腿向左、向上屈膝摆起，双臂随身体转动。

伍　右腿下落向前迈步，脚跟着地，左腿微屈，右腿伸直，呈左弓步。

陆

右脚踏实，右掌前伸，翻掌上举，左掌下落至与左肩平。

柒

上半身左转，双臂向左画弧平摆，左掌置于肩左前方，右掌置于左胸前，指尖均向左。

捌

左脚收于右脚内侧，双腿微屈，左脚跟提起，脚尖点地，双掌向右收掌。

玖

重心全部移至右腿，成独立姿势。

拾

左腿由屈到伸，向右、向上、向左弧形摆起，摆至与胸同高时，右手、左手依次向右击拍左脚面。

拾壹

左腿屈膝下落，成独立姿势，双掌恢复成向右摆臂。

当头炮

壹　接上式，双臂右摆，下半身呈右独立步。

贰　左脚向左迈步，身体重心右移，上体微右转，同时两手向右推出，掌同胸高，掌心均向外，指尖向左前方。

叁　身体重心向左移，双掌下按，掌心均向右下方。

侧面

侧面

肆　身体重心移向左腿，呈左弓步，身体微左转，同时两手向下、向左画弧握拳，左拳收于腰间，拳心向内，右拳收于腹前，拳心向上。

伍　重心移向右腿，两腿屈蹲，上体微右转，双拳向右搠击，右拳与左胸同高，左拳在右前臂内侧下方，拳心均向内。

左金刚捣碓

壹　接上式，双拳相对，下半身呈右弓步。

贰　两拳变掌，双掌翻掌，均向右后方摆，指尖向右上方。

叁　重心移向左腿，上体左转，两掌向右前方摆。

肆　双掌由右前方向身体左侧摆臂下按，指尖向左。

伍

身体重心右移，右臂向身体右侧横掌摆臂，左臂姿势不变。

陆

身体右转，左脚向前上步，脚尖点地呈左虚步。同时，左手外旋前撩，掌心向上，右手后收，掌心向下合于左前臂上。

柒

左掌变拳，屈臂上举至与下巴同高，拳心向内，右掌落至腹前，掌心向上，同时右腿屈膝上提，脚尖微翘起。

捌

左拳下落，砸击右掌心，同时左脚向右脚内侧踏地震脚，双腿屈蹲，两脚相距约20厘米。

收势

壹

接上式，左拳砸在右掌上，双脚开立。

贰

两腿屈蹲，右掌托左拳向上，然后左拳变掌，两掌同时内旋立掌，两腕相贴，右掌在外成十字手。

叁

两臂内旋，翻掌向下，双掌前伸，与肩垂直。

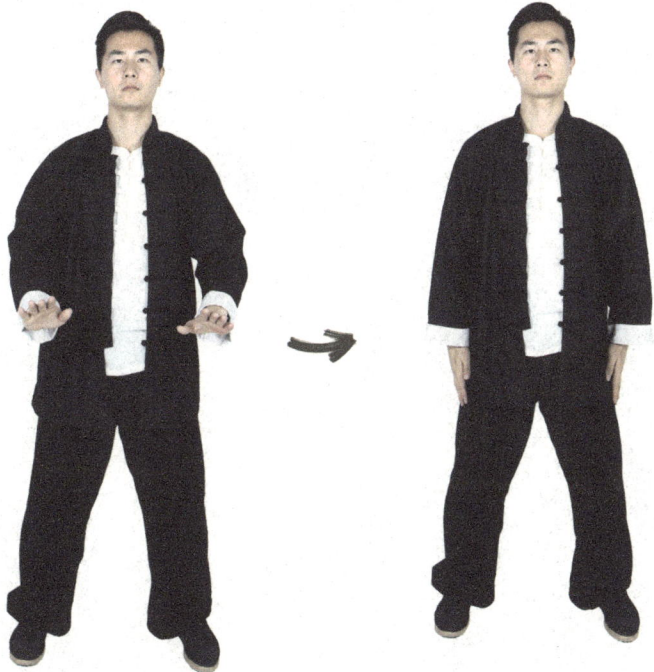

肆

双腿直立，双掌慢慢下落于身体两侧。

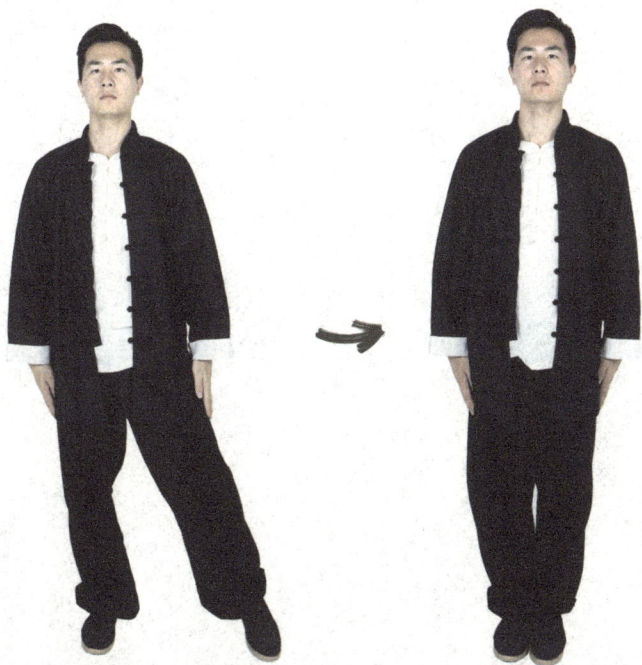

伍

然后左脚向右脚并拢直立，双眼目视前方，恢复成初始姿势。

本章总结:

　　本章陈氏56式太极拳到此学习完毕。陈氏56式太极拳是专门用于比赛的招式，所以在学习时要勤加练习，才能运用自如，达到强身健体的功效。